Ma maman à moi

Pour toi, ma maman d'amour,
qui es ma star depuis
le premier jour!

Agnès de Lestrade vit avec sa drôle de petite famille entre les champs de blé et l'odeur du fleuve. C'est là, en rêvant et en lisant qu'elle invente ses propres histoires. Son premier roman, *La petite fille qui ne voulait plus cracher*, est paru en 2003. Depuis on ne l'arrête plus!

Guillaume Decaux dessine toute la journée dans son atelier, pas très loin de ses deux enfants, qui jettent des regards amusés à l'écran de l'ordinateur. Y naissent des fées méchantes, des sorcières gentilles et des poulpes amateurs de blues. Guillaume n'est jamais là où on l'attend!

Direction artistique, création graphique
et réalisation : DOUBLE, Paris

ISBN : 978-2-218-92915-1
www.hatierpoche.com

Loi n° 49956 du 16 juillet 1949 sur les publications destinées à la jeunesse.

La drôle de famille
de Myrtille

Ma maman à moi

écrit par Agnès de Lestrade
illustré par Guillaume Decaux

HATIER
POCHE

Ma maman à moi est une star.

C'est une très grande chanteuse.

Tous les jours, elle s'entraîne
pour faire sa voix.
Et elle a beaucoup de succès.

Comme toutes les stars,
ma maman a des laquais...
très dévoués !

Chaque matin, ma maman
se maquille pendant des heures.

Et puis elle quitte la maison...
Mais jamais sans ses gardes
du corps !

Ma maman est très célèbre
et dans la rue, tout le monde
la reconnaît...

Le samedi après-midi,
le chauffeur de maman vient
nous chercher avec sa grande
limousine...

6
6

... et on part faire du shopping.

Maman a tellement d'argent…

... qu'elle nous achète tout
ce qu'on veut!

Et le dimanche, on se baigne dans notre grande piscine chauffée.

Ma maman à moi est vraiment
une star.
C'est pour ça que, chaque soir,
tous ses fans sont là
pour l'écouter !

jeux

Observe les images.
Tu pourras répondre aux questions de Myrtille.

Qui sont les ***laquais*** *de maman?*

Qui sont ses ***gardes du corps****?*

En réalité, comment appelle-t-on la ***limousine*** *de maman?*

Achevé d'imprimer par Clerc S.A.S. à Saint-Amand-Montrond - France
Dépôt légal n° 113683 - Janvier 2009